빌립보서

기쁨을 클릭하라

이대희 지음 | 바이블미션 편

엔크리스토
ENCHRISTO

인생의 기초를 성경으로 다져라

십대는 두 번 다시 돌아갈 수 없는 인생에서 귀한 시기입니다.
앞으로 인생을 살아가는 데 있어 기초를 다지는 시기로, 십대를 어떻게
보내느냐에 따라 인생이 달라집니다.

우리가 사는 세상에는 십대를 유혹하는 잘못된 문화와 가치관들이
너무 많습니다.
세상에 물들지 않고 성경적 가치관과 하나님의 나라를 꿈꾸며 살아갈
수 있는가 하는 것은 모든 십대뿐 아니라 십대를 지도하는 부모와 교사
들이 갖는 중요한 관심사입니다.

십대들을 영원히 지켜줄 수 있는 것은 오직 말씀입니다.
이 시기에 하나님의 말씀으로 얼마나 무장하느냐에 따라 미래의 삶이
결정됩니다.
성경으로 인생의 기초를 다지는 일은 그 어떤 일보다 중요한 일입니다.

〈틴~꿈 십대성경공부〉 시리즈는 성경 자체를 배우면서 십대의 삶을

가꾸는 내용으로 구성되었습니다. 일차적으로 성경개관을 통해 성경 전체의 맥을 잡고, 그 다음으로 구약성경책과 신약성경책을 통해 십대에 관계된 성경의 각 권을 선택하여 공부하도록 했습니다.

자매 시리즈인 〈아름다운 십대성경공부〉 시리즈와 함께 연결하여 사용하면 균형 있는 교과과정이 됩니다.

아무쪼록 이 성경공부 교재를 통해 성경적 비전을 품고 말씀과 일치를 이루는 하나님의 사람으로 자라나길 기도합니다.

오직 주님께 영광을……

이대희

틴~꿈 십대성경공부 시리즈 교재의 특성

1_ 십대들이 꼭 알아야 할 핵심내용과 성경적인 가치관과 세계관을 정립하는 성경공부입니다.

2_ 귀납적 형태를 띤 이야기대화식으로 탐구능력을 키우고 생각을 점차 열리게 하는 흥미로운 성경공부입니다.

3_ 자유로운 토의와 열린 대화를 활발하게 하는 소그룹에 적합한 성경공부입니다.

4_ 영적 사고력과 해석력, 분별력을 키우면서 스스로 적용능력을 점차 극대화시켜 주는 성경공부입니다.

5_ 본문 중심 성경공부로, 성경이야기 속으로 빠져들어 말씀의 성육신을 경험하는 성경공부입니다.

6_ 흥미와 재미를 유도하는 주제로 구성되어 있고, 모두가 쉽게 참여하면서 영적 깊이와 변화를 체험하게 하는 전인적인 성경공부입니다.

7_ 성경공부를 통하여 자연스럽게 학과공부와 전인교육에 필요한 논술력, 사고력, 상상력, 창의력, 응용력을 함께 계발시키는 성경공부입니다.

8_ 분반공부와 제자훈련 등 시간(30분, 1시간, 1시간 30분)을 탄력적으로 운영하며 사용할 수 있는 성경공부입니다.

9_ 15년 동안 준비하고 실험한 성경공부 사역 전문가에 의해 검증된 효과적인 공부 방법과 총체적이며 전인적인 교과과정이 체계적으로 구성된 신뢰할 만한 성경공부입니다.

틴~꿈 십대성경공부 시리즈 전체 양육과정표

〈틴~꿈 십대성경공부 시리즈〉는 1년 단위로 5권씩 3년 동안 성경 전체의 내용을 핵심적으로 다루도록 구성되었습니다. 1년차는 성경 파노라마를 통해 성경의 맥과 개관을 다룹니다. 그리고 구약책과 신약책 중에서 십대에 맞는 책을 선택하여 집중적으로 유형별로 균형 있게 공부하도록 했습니다. 십대 시기에 성경의 맛을 직접 느끼게 함으로써, 앞으로의 삶 속에서 성경을 계속 배우고 실천하는 데 도움을 주는 방향으로 내용을 구성했습니다. 십대를 마칠 때는 적어도 성경의 중요한 맥과 뼈대를 잡고, 성경의 내용을 각 권별로 조금씩이라도 살아 있는 말씀으로 경험한다면 평생 동안 말씀과 함께 사는 데 큰 도움이 될 것입니다.

	성경개관 시리즈	구약책 시리즈	신약책 시리즈
1권	성경파노라마 – 구약1 성경, 한눈에 쏘옥~	창세기 인생의 뿌리, 꽉- 잡아라	누가복음 최고의 멘토, 예수님을 만나라
2권	성경파노라마 – 구약2 성경, 한눈에 쏘옥~	에스더 영적 거인, 빼- 닮아라	로마서 내 안의 복음 발전소
3권	성경파노라마 – 구약3 성경, 한눈에 쏘옥~	다니엘 나는 바이블 영재!	사도행전 글로벌 증인이 되어라
4권	성경파노라마 – 신약1 성경, 한눈에 쏘옥~	잠언 지혜가 최고야!	빌립보서 기쁨을 클릭하라
5권	성경파노라마 – 신약2 성경, 한눈에 쏘옥~	전도서 인생이 보인다!	요한계시록 인생승리, 폴더를 열어라

● 각 과는 10과 내외로 구성되어 있으며, 3년 과정으로 중고등부가 모두 사용할 수 있습니다. 각 교회 상황에 따라 순서에 상관없이 책을 자유롭게 선택하여 사용 가능합니다. 과정을 계속 이어가기를 원하면 〈아름다운 십대성경공부 시리즈〉(3년차)와 연관하여 사용할 수 있습니다.

틴~꿈 십대성경공부 교재의 구성

본 교재는 다음과 같은 단계로 구성되었습니다. 전체 단계를 잘 이해하고 활용하면 성경공부에 훨씬 효과적입니다.

■ 열린 마음

마음을 여는 단계입니다. 성경공부는 마음을 먼저 열지 않으면 말씀이 들어오지 않게 됩니다. 질문에 편안하게 답하도록 하되 무리하게 답을 끌어낼 필요는 없습니다. 질문을 통해 마음을 집중하는 데 그 의미가 있습니다.

■ 말씀 먹기

말씀 속으로 들어가는 단계입니다. 공부를 할 때, 본문을 먼저 읽고 나서 질문을 통하여 말씀 속으로 함께 들어가는 데 목표를 둡니다. 가능하면 본문을 지식적으로 이해하기보다는 전인적으로 이해하는 접근 방식이 필요합니다. 성경을 이야기 식으로, 글자가 아닌 사건으로 보도록 합니다. 그리고 생명의 말씀을 먹는다는 자세로 의미를 생각하며 질문에 대한 답을 해야 합니다. 그렇게 하면 점차 성경 속으로 들어가는 것을 경험할 것입니다.

일반 학교공부보다 차원이 높습니다. 이것을 터득하면 일반 공부는 쉽습니다(주제별로 구절을 공부하는 방식보다 본문을 통하여 성경지문을 공부하면, 전체 문맥을 이해하는 능력과 아울러 논술 · 논리 · 구술 · 토론 능력이 자동적으로 해결됩니다).

■ 되새김

되새김은 소가 먹은 음식을 다시 되씹는 과정과 같습니다. 말씀을 지식적으로 이해하는 것을 넘어 그 의미를 곱씹는 것입니다. 도움말을 통하여, 이미 알고 있던 말씀의 의미를 다시 한 번 깊게 생각하는 단계입니다. 처음에는 도움말 없이 질문에 대한 답을 스스로 찾아내도록 합니다. 단순히 단어나 구절을 외우는 것이 아닌, 의미를 곱씹어 생각하는 것이 중요합니다.

■ 생각해 보기

본문에서 특별히 생각해야 할 중심 주제를 생각해 보는 단계입니다. 즉, 머리에서 가슴으로 이르게 하는 단계입니다. 말씀을 실천으로 옮기기 위해서는 말씀을 깨닫는 일이 선행되어야 합니다. 가슴으로 깨닫는 것만이 실천에 이르게 됩니다. 이 단계에서 서로 의견을 나누고 토론을 하면 좋습니다. 한 사람의 일방적인 설명보다는 각자의 생각을 자유롭게 나눌 수 있도록 소그룹을 활성화합니다.

■ 삶의 적용

'되새김'과 '생각해 보기'를 통해서 얻어진 말씀을 내 삶에 적용하는 단계입니다. 단어나 구절을 그대로 실천하는 것은 율법적인 적용이 될 수 있습니다. 의미를 이해하고 그것을 내 삶에 알맞게 응용하면서 적용하는 것이 바람직합니다.

■ 짧은 묵상

본문에서 생각할 수 있는 내용을 묵상했습니다. 내용을 읽고 나서 자기의 생각을 나누어도 좋습니다. 묵상을 통해서 한 가지라도 분명한 메시지를 가슴에 품고 적용하며 실천하는 시간입니다.

하나님이 주신 기쁨의 폴더를 열어라

빌립보 도시는 마게도냐 왕 필립스 2세가 점령하여 빌립보라 부르게 되었습니다. 이곳은 로마와 아시아를 연결하는 군사적 요충지로서 마게도냐 지방 제일의 도시입니다. 빌립보는 외국 영토에 세운 로마 식민지로서 작은 로마로 불렸습니다. 빌립보 교회는 바울이 유럽 지역에 처음 세운 교회입니다.

빌립보서는 옥중서신입니다. 바울의 2차 선교여행 중 첫 번째로 쓴 서신입니다. 바울은 주님으로부터 말미암은 영적인 기쁨에 대해서 말하면서 성도들을 격려하고 있습니다. 빌립보 교회는 바울과 깊은 사랑의 관계를 가졌고, 이 교회는 바울에게 거의 문제를 일으키지 않는 좋은 관계를 유지하고 있었습니다. 빌립보 교인들은 바울을 돕는 일에 최선을 다했고 빌립보 교회의 지도자인 에바브로디도가 그 역할을 잘 감당했습니다.

빌립보서를 기록한 몇 가지 동기는 다음과 같습니다.
로마에 투옥된 바울의 고난에 동참하기 위해 보내준 빌립보 교인들의 헌금에 감사하며 고난과 핍박 속에서도 기쁨으로 신앙을 지킬 것을 권면하고 영적 성장을 도모하기 위하여, 에바브로디도의 사역을 설명하고 그를 비판하는 데 대한 변호를 하기 위하여, 바울에 대한 관대한 지원에 감사하기 위하여, 그리스도인의 생활에 대해서 격려하기 위하여 이 서신을 기록했습니다.

특히 그리스도인은 이방인들 속에서 삶으로 보여주어야 함을 강조하고 있습니다. 말보다 삶이 다른 사람에게 큰 영향력을 끼칩니다. 이보다 큰 전도는 없습니다. 삶으로 보여주면 자연히 그 안에 있는 예수 그리스도를 발견하게 되고 사람들은 그를 만나고 싶어합니다.

빌립보서는 기쁨이 핵심 사상입니다. '마음'과 '기쁨'이 강조되는 핵심 단어입니다. 특히 구약 인용이 없는 점이 특이합니다. 이론적 교리보다도 내면적인 윤리성이 강조되고 있는 개인서신입니다. 전반부의 1:1-2:30은 성도의 윤리적 자세에 대한 바울 개인의 권고인 반면에, 후반부의 3:3-4:23은 성도의 실생활에 있어 지켜야 할 바를 권고하고 있습니다.

우리는 빌립보서를 통해 어떻게 어려운 상활 속에서도 기뻐하면서 하나님의 영광을 드러내고 그리스도인의 삶을 살아가야 하는지를 배울 수 있습니다. 십대들이 앞으로 살아가야 할 세상은 그리 만만치 않습니다. 수없는 고난과 돌발 상황에 맞닥뜨리게 됩니다. 예측치 못한 상황에 직면했을 때 우리가 그에 대해 어떤 삶의 방식을 취하는가 하는 것은 매우 중요합니다. 하나님이 주신 기쁨의 원리를 이해하고 계속 예수 그리스도를 배워 나가면서 어떤 상황에서도 감사하고 기뻐하는 십대들이 되어야 할 것입니다. 이것은 학교의 어떤 공부보다도 더 중요한 공부이며, 이것이 우리 인생의 성공을 판가름하는 중요한 능력입니다.

빌립보서를 공부하면서 모든 십대들에게 하나님의 놀라운 기쁨의 선물이 충만하게 임하기를 기도합니다.

차례

01

복음의 교제

"너희 속에 착한 일을 시작하신 이가 그리스도 예수의 날까지
이루실 줄 우리가 확신하노라." (빌 1:6)

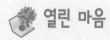

열린 마음

● 나는 친구들과 어떤 교제를 합니까? 친한 친구와 함께 교제하는 주변의 사람들의 이름을 적어 보세요.

1)

_____

_____

2)

_____

_____

3)

_____

_____

말씀 먹기

● 빌립보서 1:1-11을 읽고 다음 질문에 답해 보십시오.

어려움에 처해 있을 때 복음 안에서 교제를 가진다는 것은 우리에게 큰 힘과 위로가 됩니다. 바울은 로마의 죄수인 처지이므로 기뻐할 상황이 아니지만 복음의 교제로 인하여 즐거워하고 있습니다. 본문은 바울이 구체적으로 빌립보 성도들과 어떤 교제를 하고 있는지 그 내용들이 잘 나타나 있습니다.

1 빌립보서는 누가 누구에게 편지한 것입니까? (1)

_____

_____

2 은혜와 평강은 누구로부터 임합니까? (2)

_____

_____

3 바울과 빌립보 교인들이 나누는 교제의 모습을 말해 보십시오. (3-5)

_____

_____

4 우리 안에 있는 주님은 어떤 분이십니까? (6)

_____

_____

5 바울과 빌립보 교인들은 서로 어떤 관계인지 말해 보십시오. (7-8)

_____

_____

6 바울이 빌립보 교회를 위해 중보기도한 기도 제목을 정리해 보십시오.
(9–11)

_____

_____

 생각해 보기

● 그리스도인들의 교제는 세상 사람과 달라야 하는데 어떤 점에서 구별
되어야 합니까? 우리가 가져야 할 구체적인 교제의 모습을 말해 보십
시오.

_____

_____

💡 Tip 그리스도인의 교제는 육적인 교제보다 영적인 교제가 더 중요합니다. 영적
인 교제는 기도하고 감사하는 일입니다. 육적인 교제는 일시적이고 제한적이지만 영
적인 교제는 시간과 공간을 초월합니다. 우리는 서로 떨어져 있어도 서로를 위해 기
도함으로 영적 교제를 할 수 있습니다. 기도하는 사람들은 서로의 마음을 압니다.

신약성경 파피루스

삶의 적용

1 나는 날마다 누구를 위해 기도하는 삶을 살고 있습니까? 나와 함께 기도의 교제를 하는 사람을 말해 보세요.

_____

_____

2 이번 주간에 기도한 나의 기도 내용은 무엇인지 세 가지를 적어 보세요.

_____

_____

3 오늘 말씀을 통해 이번 주에 실천해야 할 사항은 무엇이며 삶의 적용을 위한 구체적인 실천 계획은 무엇인지 말해 보십시오.

_____

_____

주께서 내 증인이시라

내가 하나님을 사랑하는지는
주께서 아시나이다.
내가 주님을 나의 주인으로 모시는지는
주께서 아시나이다.
내가 주님을 따르고 있는지는
주께서 아시나이다.
내가 주님께 충성하는지는
주께서 아시나이다.

02

그리스도를
위한 삶

"나의 간절한 기대와 소망을 따라 아무 일에든지 부끄럽지 아니하고 오직 전과 같이
이제도 온전히 담대하여 살든지 죽든지 내 몸에서 그리스도가
존귀히 되게 하려 하나니" (빌 1:20)

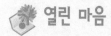 **열린 마음**

- 나는 하루의 삶을 누구를 위해 삽니까? 미래의 꿈은 누구를 위해 꾸고 있습니까? 나를 위해 사는 사람의 문제점은 무엇입니까?

_____

_____

 말씀 먹기

- 빌립보서 1:12-21을 읽고 다음 질문에 답해 보십시오.

복음의 진보는 오히려 갇혀 있고 어려움에 처해 있을 때 나타납니다. 바울이 자기가 당한 상황을 복음의 진보로 여기면서 오히려 복음 전파와 연관짓고 있는 것은 참으로 대단한 신앙입니다. 이것은 바울뿐 아니라 모든 그리스도인들이 동일하게 적용해야 할 일입니다. 고난은 그 자체보다도 그것이 얼마나 복음의 진보와 연관되어 있느냐에 따라 그 의미가 달라집니다.

1 바울은 자기가 옥에 갇힌 것을 어떤 눈으로 바라보고 있습니까? (12)

_____

_____

2 구체적으로 어떤 면에서 복음의 진보가 되었습니까? (13-14)

3 교회 안의 형제들은 바울이 없는 동안에 어떤 일을 했습니까? (15-17)

4 이것에 대해 바울은 어떤 태도를 보였습니까? (18)

5 바울은 자기가 감옥에서 풀려나는 것에 대해 어떤 믿음을 가지고 있습니까? (19)

6 바울은 복음 사역을 함에 있어서 간절한 기대와 소망이 있는데 그것은 무엇입니까? (20)

7 바울은 왜 죽는 것도 유익하다고 했습니까? (21)

_____

_____

 생각해 보기

● 그리스도인은 모든 삶이 그리스도를 존귀하게 하고 그리스도를 전파
하는 데 초점이 있어야 합니다. 그리스도를 존귀하게 한다는 뜻을 다
시 정리해 보고 그리스도인이라면 모두가 왜 그렇게 살아야 하는지
말해 보십시오. (참고. 고전 10:31, 갈 2:20)

_____

_____

💡 Tip 우리의 몸과 모든 것은 주님이 주신 것입니다. 그러므로 우리의 몸을 주님
을 위해 사용하는 것이 최고의 삶입니다. 어차피 조금 있으면 사라질 몸입니다. 주님
을 위해 우리의 몸을 바치면 영원히 사는 몸이 됩니다.

빌립보 감옥

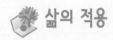 삶의 적용

1 현재 나에게 닥친 어려움은 무엇입니까? 그것이 신앙적으로 주는 유익을 찾아보십시오.

_____

_____

2 나의 인생의 목표가 그리스도를 전하는 데, 그리스도를 드러내는 데 있습니까? 그것이 잘 안 된다면 그 이유는 무엇이라고 생각합니까?

_____

_____

3 오늘 말씀을 통해 이번 주에 실천해야 할 사항은 무엇이며 삶의 적용을 위한 구체적인 실천 계획은 무엇인지 말해 보십시오.

_____

_____

믿음의 성장은?

믿음의 진보는
편안한 생활에서보다는
고난과 핍박 속에서 나타난다.

기쁨을 얻을 수 있는 길은
내 삶에 그리스도를 나타낼 때 가능하다.

그리스도가 내 속에 굳건히 서지 않는 한
내 마음의 기쁨도 결코 계속 유지할 수 없다.

내 자신이 나타나고
그리스도가 사라질 때는
우리 안에서 참된 기쁨을 찾을 수 없다.

하나님 은혜의 감격을 깊이 느끼고 체험하려면
믿음으로 인해 당하는 고난을 함께 감수하면서
적극적으로 받아들일 때 비로소 가능하다.

03

세상을 위한 삶

"그리스도를 위하여 너희에게 은혜를 주신 것은 다만 그를 믿을 뿐 아니라
또한 그를 위하여 고난도 받게 하심이라." (빌 1:29)

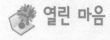 **열린 마음**

● 세상 속에서 신앙생활하기가 쉽지 않습니다. 구체적으로 어떤 점이 어려운지 말해 보십시오.

─가정에서

_____

_____

─친구들과 교제에서

_____

_____

─학교에서

_____

_____

 말씀 먹기

● 빌립보서 1:22-30을 읽고 다음 질문에 답해 보십시오.

신앙생활은 하나님의 나라를 바라보는 삶입니다. 비록 이 세상에 속해 있지만 하나님나라의 비전을 바라보고 사는 것입니다.

사단은 우리로 하여금 하나님나라를 보지 못하고 육신에 속하도록 지속적으로 유혹합니다. 본문에서 바울은 빌립보 교인들에게 구원받은 그리스도인으로서 합당한 삶은 무엇인지를 말하고 있습니다.

1 바울은 육신 가운데 사는 것이 보람이지만 진정으로 원하는 것은 무엇이라고 합니까? (22-23)

_____

_____

2 바울은 하루빨리 하나님께로 가는 것이 원하는 바지만 성도들을 생각할 때 육신으로 남아 있는 것이 더 유익이라고 했습니다. 그 이유는 무엇입니까? (24-25)

_____

_____

3 바울이 하늘나라에 가지 않고 성도들과 함께 머물러 있어야 할 필요성에 대해서 말해 보십시오. (26)

_____

_____

4 그리스도인은 세상에서 어떻게 생활해야 합니까? (27-28)

5 하나님의 복음을 위하여 살 때 우리는 두려워하지 않고 담대해야 하는데, 그 이유는 무엇이며 그 담대함은 어디서 오는 것입니까? (28)

_____

_____

6 모든 믿음의 사람들에게 있는 그리스도인의 특권에 대해 말해 보십시오. (29–30)

_____

_____

 생각해 보기

● 그리스도인은 그리스도를 위한 삶을 살아야 합니다. 그러나 복음을 위한 삶을 사는 것은 언제나 고난과 핍박과 어려움이 있습니다. 왜 그런지 말해 보십시오.

_____

_____

💡 **Tip** 복음과 고난은 뗄래야 뗄 수 없는 필연적 관계입

로마에서 태형에 사용되는 채찍

니다. 그것은 빛과 어둠의 관계와도 같습니다. 복음은 진리입니다. 그러나 세상은 어둠이요 거짓입니다. 이런 상황 속에서 복음은 저항을 받게 됩니다. 복음을 위한 고난이 많다는 것은 그만큼 복음에 충실하게 산다는 것을 의미합니다. 세상과 적당하게 타협하면 편안하게 신앙생활할 수 있습니다. 그럼에도 우리는 그렇게 살아서는 안됩니다.

 ## 삶의 적용

1 일상생활 속에서 닥치는 고난에 대한 효과적인 대처법을 말해 보십시오.

_____

_____

2 나는 어떤 부분에서 복음에 합당한 삶을 살고 있습니까? 잘 안 되는 부분은 무엇입니까?

_____

_____

3 오늘 말씀을 통해 이번 주에 실천해야 할 사항은 무엇이며 삶의 적용을 위한 구체적인 실천 계획은 무엇인지 말해 보십시오.

_____

_____

신앙에 대한 단상

—두려움은 구원의 불확신에서 나오는 것이다.

—내 자신을 그리스도를 위해 기꺼이 내줄 때만이
　그리스도 안에 영원히 거할 수 있다.

—믿음은 매임을 통해 나타나고
　매임을 통해 능력이 나타난다.

—복음의 진보란 안전과 평안과 빛 속에 안주하는 것이라기보다
　핍박과 고난의 현장인 어둠 속으로 들어가는 것을 의미한다.

04

예수님의 마음을 품고

"너희 안에 이 마음을 품으라
곧 그리스도 예수의 마음이니" (빌 2:5)

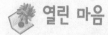 **열린 마음**

● 왜 사람의 마음에는 선한 것보다 악한 것이 더 많이 있을까요? 선한 것이 무엇인지 알면서도 자꾸 악한 마음을 품고 이기적인 마음을 갖는 이유는 무엇이라고 봅니까?

_____

_____

 말씀 먹기

● 빌립보서 2:1-11을 읽고 다음 질문에 답해 보십시오.

그리스도의 몸된 공동체는 서로 자신을 낮추고 겸손한 마음을 가질 때 건강한 몸을 세울 수 있습니다. 교회의 주인인 그리스도의 마음을 본받아 그에게 복종하고 서로 순종하는 성도들이 되어야 합니다. 그렇게 될 때 세상에서 구별된 생명 공동체를 이룰 수 있습니다.

1 그리스도 안에 있는 한몸된 그리스도인들이 서로 해야 할 일을 말해 보십시오. (1)

_____

_____

2 권면(위로)이나 교제, 동정심과 자비를 베풀 때 중요한 원칙은 무엇입니까? (2)

3 그리스도인들은 이웃과 관계에서 어떤 삶을 살아야 합니까? (3-4)

4 우리는 무슨 일을 하든지 예수님의 마음을 품고 해야 합니다. 그것은 구체적으로 어떤 마음과 태도인지 말해 보십시오. (5-8)

5 예수님의 마음과 자세로 일하는 사람에게는 하나님이 어떤 축복을 해 주십니까? (9-10)

6 그리스도인이 하는 모든 일의 궁극적인 목적은 무엇입니까? (11)

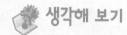 생각해 보기

1 그리스도 안에 있으면서도 우리는 좀처럼 예수의 마음을 품지 못하고 또 서로 마음이 하나가 되지 못하는 가장 큰 이유는 무엇입니까?
(참고. 엡 4:1-4)

_____

_____

💡 **Tip** 인간은 욕심을 가지고 있습니다. 이것은 예수를 믿어도 사라지지 않고 교묘하게 우리 안에 자리 잡고 있습니다. 심지어 하나님을 나의 욕심의 도구로 삼고자 하는 마음이 숨어 있습니다. 나의 욕심이 들어가면 누구든 사탄의 마음을 품게 되고 이기적이 됩니다. 자기를 죽이는 일을 할 때 우리는 욕심에서 벗어날 수 있습니다. 모든 것을 주님에게 맡기고 그분께 순종하는 삶을 살 때 기쁨과 평화가 임하게 됩니다.

2 왜 사람들은 마지막에 하나님의 이름보다 자기 이름을 드러내려 할까요?

_____

_____

💡 **Tip** 인간에게 가장 무서운 것은 교만입니다. 교만은 자기를 하나님보다 높이는 것입니다. 교만은 패망의 선봉입니다. 인간의 욕심은 하나님 자리까지 넘보는 것으로, 이것을 늘 조심해야 합니다. 교만은 인간이 악하다는 것을 드러내는 좋은 증거입니다. 자기가 할 수 없음에도 자기가 할 수 있다고 하는 것은 분명 큰 죄입니다.

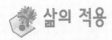 삶의 적용

1 나는 나의 유익을 먼저 구합니까, 아니면 다른 사람의 유익을 구하려고
  합니까? 일 년 전보다 어느 정도 발전이 있었는지 말해 보십시오.

_____

_____

2 예수님의 마음이 잘 안 품어지는 이유를 찾아보고 아울러 예수님의
  마음을 품기 위해 내가 해야 할 일은 무엇인지 말해 보십시오.

_____

_____

3 오늘 말씀을 통해 이번 주에 실천해야 할 사항은 무엇이며 삶의 적용
  을 위한 구체적인 실천 계획은 무엇인지 말해 보십시오.

_____

_____

왜 그렇게 하셨나요?

하늘의 높은 보좌를 버리시고
낮은 이 땅에 오신 주님!
왜 그렇게 하셨나요?
영원히 높은 곳에 계셔야 할 주님이
왜 그렇게 하셨나요?

하나님의 모습을 버리시고
사람의 모양을 하신 이유는 무엇입니까?
복종하되 죽기까지 복종하고
자기의 목숨을 인간을 위해 주신 이유는 무엇입니까?

그것은
인간들로 하여금 더 이상 할 말이 없게 하기 위한
하나님의 사랑의 행동이었습니다.
어떤 이유로도
어떤 변명으로도
이런 하나님의 사랑을 거부할 수 없게 하기 위해서……
모든 인간들이 이런 하나님의 사랑을 본받게 하기 위해서……

05

기뻐하고
또 기뻐하라

"너희 안에 행하시는 이는 하나님이시니 자기의 기쁘신 뜻을 위하여
너희로 소원을 두고 행하게 하시나니" (빌 2:13)

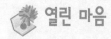 **열린 마음**

● 왜 사람들이 항상 기뻐하는 삶을 살지 못할까요? 왜 자꾸만 환경에 의해 기쁨이 좌우되는지 그 이유를 나누어 보십시오.

_____

_____

 말씀 먹기

● 빌립보서 2:12-18을 읽고 다음 질문에 답해 보십시오.

그리스도의 몸 안에서는 순종하는 그리스도인이 최고의 리더입니다. 순종은 곧 희생과 봉사로 나타납니다. 이것은 그리스도(2:7-8)와 바울(2:17)과 디모데(2:21-22)와 에바브로디도(2:30)에게서 더욱 더 분명하게 드러납니다. 순종할 때 우리 안에 계시는 하나님이 일하게 됩니다. 자신을 제물로 드리는 것 같은 순종이 바울을 더욱 기쁘게 했습니다.

1 이미 예수 안에 있는 우리들이 삶 속에서 지속적으로 이루어야 할 과제는 무엇입니까? (12)

_____

_____

2 우리 안에 계시는 하나님이 하시는 일은 무엇입니까? (13)

_____

_____

3 우리가 공동체 안에서 원망과 시비가 없이 해야 하는 중요한 이유는
   무엇입니까? (14-16)

_____

_____

4 바울은 심지어 어떤 경우에도 기뻐하는 삶을 살았습니까? (17)

_____

_____

5 세상과 다른 그리스도인들의 기쁨은 어떤 모습이어야 합니까? (18)

_____

_____

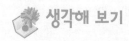 생각해 보기

1 기쁨이라고 모두 같은 기쁨이 아닙니다. 바울이 가진 기쁨은 어떤 종류의 기쁨이었으며 그것이 오늘 우리에게 주는 의미는 무엇입니까?

_____

_____

💡 **Tip** 바울은 자신을 제물로 드려도 기뻐하고 기뻐한다고 했습니다. 그가 어느 정도로 기쁨의 삶을 살았는지 보여주는 대목입니다. 죽어도 기뻐할 수 있는 것은 죽음보다 더 큰 것을 가지고 있기에 가능합니다. 그것은 예수 그리스도로 인한 기쁨이기 때문입니다. 예수는 영원하기 때문에 세상 어느 것으로도 나의 기쁨을 빼앗지 못합니다.

2 그리스도인의 기쁨은 왜 나혼자만이 갖는 기쁨이 아닌 모두가 함께하는 기쁨이 되어야 합니까?

_____

_____

💡 **Tip** 세상의 기쁨은 나 혼자만이 잘 되는 기쁨입니다. 그러나 복음 안에서의 기쁨은 모두가 함께하는 기쁨입니다. 이것은 모두가 하나님의 자녀요 한 아버지를 가졌기 때문입니다. 하나님을 아버지로 섬기지 않으면 이웃은 그 순간 형제가 아닌 다른 사람이 됩니다.

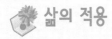 삶의 적용

1 나는 구원을 받았습니까? 그렇다면 지금 살아가는 삶은 어떤 삶인가
요?

_____

_____

2 구원받은 사람은 날마다 기뻐하는 삶을 살아야 합니다. 나는 어떤 기
쁨을 추구하고 있습니까? 나에게 기쁨을 빼앗아 가는 걸림돌은 무엇
인지 말해 보십시오.

_____

_____

3 오늘 말씀을 통해 이번 주에 실천해야 할 사항은 무엇이며 삶의 적용
을 위한 구체적인 실천 계획은 무엇인지 말해 보십시오.

_____

_____

오직 복음을 위해

주여!
오직 복음을 위해
오직 믿음의 성숙을 위해
오직 교회를 섬기기 위해

나의 몸을
온전히 드리게 하소서.

주여!
자기를 낮추되 종처럼 낮추게 하소서.
자기를 복종하되 죽기까지 복종하고
자기를 비우되 모두 내어주게 하소서.

주여!
모든 생각도
모든 일도
모든 사람에게도
오직 겸손함으로 대하게 하소서.
그리하여
나의 기쁨을 충만하게 하시고
그 기쁨으로 모두를 기쁘게 하소서.

06

디모데와
에바브로디도
같은 사람

"저가 그리스도의 일을 위하여 죽기에 이르러도 자기 목숨을 돌아보지 아니한 것은
나를 섬기는 너희의 일에 부족함을 채우려 함이니라." (빌 2:30)

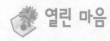 **열린 마음**

● 나를 대신하여 신뢰하며 안심하고 일을 맡길 수 있는 사람의 자격 조건은 무엇이라고 생각합니까?

1)

_____

2)

_____

3)

_____

 말씀 먹기

● 빌립보서 2:19-30을 읽고 다음 질문에 답해 보십시오.

참된 신앙을 배우려면 우리가 본받아야 할 좋은 신앙의 모델이 있어야 합니다. 빌립보 교인들에게 모범이 될 만한 두 인물이 있는데 바로 디모데와 에바브로디도입니다. 이들은 자신을 위하여 살지 않고 전적으로 다른 사람을 위하여 살았고, 자기의 일이 아닌 오직 그리스도의 일을 구하는 사람들이었습니다. 이런 사람들은 공동체 안에서 존경을 받는 사람들입니다.

1 바울은 디모데를 빌립보 교인들에게 왜 보냈습니까? (19-20)

_____

_____

2 디모데가 가진 아름다운 신앙의 모습을 말해 보십시오. (21-24)

_____

_____

3 바울은 같이 있는 디모데를 보내지 않고 에바브로디도를 보냈는데 그 이유는 무엇입니까? (25)

_____

_____

4 에바브로디도가 근심한 이유는 무엇입니까? (26)

_____

_____

5 하나님은 에바브로디도를 어떻게 하셨습니까? (27)

_____

_____

6 바울이 에바브로디도를 급히 보낸 이유와 성도들에게 에바브로디도에 대해 부탁한 내용은 무엇입니까? (28-29)

_____

_____

7 에바브로디도가 이렇게 헌신하여 자기 목숨을 돌보지 않고 충성하며 섬긴 이유는 무엇입니까? (30)

_____

_____

 생각해 보기

● 에바브로디도가 자신의 몸이 아픔에도 불구하고 자기보다 바울과 교회에게 끝까지 충성한 이유가 어디에 있다고 봅니까?

_____

_____

💡 Tip 에바브로디도는 바울이 신뢰한 사람입니다. 바울이 자기를 대신하여 믿고 빌립보 교회의 지도자로 세운 사람은 디모데와 에바브로디도입니다. 빌립보 교회에는 에바브로디도가 더 합당하기 때문에 그를 보냈습니다. 그 이유는 그가 자신보다 하나님의 일에 우선을 둔 사람이었기 때문입니다. 결국 그가 병들어 죽게 되었지만 하나님이 긍휼히 여기셔서 살려 주셨습니다. 사람에게보다 하나님에 대한 충성이 더 중요합니다.

빌립보 도시

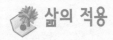 삶의 적용

1 에바브로디도와 같은 일꾼이 되기 위해서 내가 해야 할 일은 무엇입니까?

_____

_____

2 내 주위에 디모데와 에바브로디도 같은 일꾼이나 신앙의 사람을 찾아보고 본받아야 할 점을 서로 나누어 보십시오.

_____

_____

3 오늘 말씀을 통해 이번 주에 실천해야 할 사항은 무엇이며 삶의 적용을 위한 구체적인 실천 계획은 무엇인지 말해 보십시오.

_____

_____

나를 위한 것은 아닌지요

복음을 위한 우리의 수고가
자기의 일을 구하기 위한 것은 아닌지요.

교회를 위한 우리의 헌신이
자신의 영광을 위한 것은 아닌지요.

이웃을 위한 우리의 자선이
자신을 드러내기 위한 것은 아닌지요.

하나님을 향한 열심 있는 우리의 기도가
자신의 욕심을 위한 것은 아닌지요.

하나님께 경배하는 우리의 경건한 예배가
우리의 만족과 보상을 위한 것은 아닌지요.

07

가장
고상한 것

"모든 것을 해로 여김은 내 주 그리스도 예수를 아는 지식이
가장 고상함을 인함이라" (빌 3:8)

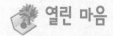 **열린 마음**

● 사람이 살아가는 데 있어 가장 고상하고 가치 있는 것을 세 가지 정도 찾아서 말해 보고, 그렇게 정한 이유와 서로의 생각 등을 함께 이야기 해 보십시오.

_____

_____

 말씀 먹기

● 빌립보서 3:1-11을 읽고 다음 질문에 답해 보십시오.

종교가 우리를 구원할 수 없습니다. 기독교는 단순한 종교가 아닌 영 생입니다. 육신적인 것에 매어 있는 신앙을 탈피하여, 생명이신 그리 스도와 인격적으로 만남으로써 이루어지는 신앙을 꿈꾸어야 합니 다. 우리는 그리스도를 지식으로 아는 것이 아니라 그리스도를 체험 으로 알아야 합니다. 그렇게 될 때 죄 사함과 부활의 능력을 체험하 게 됩니다.

1 바울은 어떤 사람들을 조심하라고, 번거롭지만 반복하여 말하고 있습 니까? (1-2)

_____

_____

2 진정한 할례자들은 누구입니까? (3)

_____

_____

3 바울은 자신이 육신적인 면에서 다른 사람보다 뛰어나다고 말하면서 어떤 예를 들고 있습니까? (4-6)

_____

_____

4 바울은 자기에게 유익한 것들을 어떻게 했습니까? (7)

_____

_____

5 바울이 자신에게 유익한 것들을 해로운 것으로 여긴 이유는 무엇입니까? (8-9)

_____

_____

6 바울이 늘 생각하는 믿음의 모습은 어떤 것입니까? (10-11)

_____

_____

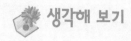 생각해 보기

1 사람들은 왜 자신의 육신을 자랑합니까? 그리스도인이 되었으면서도 그런 모습이 자꾸 나타나는 이유는 무엇입니까?

_____

_____

💡 **Tip** 세상 사람들을 보면 대부분 자신을 신뢰합니다. 그러다가 육체의 한계를 느끼게 되면 그때야 하나님을 찾는 사람이 많습니다. 그러나 그때는 이미 늦은 경우가 생깁니다. 이것은 인간이 죄인으로 태어났기에 나타나는 어쩔 수 없는 한계입니다. 그것을 빨리 인식하고 하나님에게로 돌아오는 자가 지혜로운 사람입니다.

2 왜 그리스도가 세상에서 가장 소중합니까? 몇 가지 이유를 말해 보십시오.

_____

💡 **Tip** 인생에서 가장 힘든 일은 가장 소중한 것을 찾는 것입니다. 많은 사람들은 무엇이 소중한지 모르면서 살아갑니다. 소중한 것을 찾으면 이전에 내가 가지고 있던 것은 버릴 수 있습니다. 그것을 아직 버리지 못하는 것은 나에게 가장 소중한 것이 무엇인지 아직 깨닫지 못해서입니다.

빌립보 도시 모습

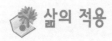 **삶의 적용**

1 예수를 믿은 후에 그리스도와 내가 소중하게 생각하는 것과의 사이에
  서 갈등을 느껴 본 적이 있습니까?

_____

_____

2 그리스도가 가장 소중하고 세상 것은 배설물로 여기는 바울의 모습이
  내 인생에서 체험되려면 어떤 영적 훈련이 필요합니까?

_____

_____

3 오늘 말씀을 통해 이번 주에 실천해야 할 사항은 무엇이며 삶의 적용
  을 위한 구체적인 실천 계획은 무엇인지 말해 보십시오.

_____

_____

내가 시작할 때

주여!
내가 시작할 때 확실했던 것은 무엇입니까?

주여!
내가 시작할 때 뜨거웠던 것은 무엇입니까?

주여!
내가 시작할 때 기뻤던 것은 무엇입니까?

주여!
내가 시작할 때 받았던 사랑은 무엇입니까?

주여!
내가 시작할 때 받았던 축복은 무엇입니까?

오늘도 시작할 때 주신 것을 잡으려고 좇아가게 하소서.
오늘도 시작할 때 주신 것을 위해 살게 하소서.
예수 그리스도의 재림의 순간까지
끝까지 정진할 수 있는
확신과 열망을
오늘도 저에게 주옵소서!

08

삶의 목표

"내가 이미 얻었다 함도 아니요 온전히 이루었다 함도 아니라 오직 내가 그리스도
예수께 잡힌바 된 그것을 잡으려고 좇아 가노라." (빌 3:12)

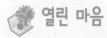 **열린 마음**

● 나의 인생관은 무엇인지 말해 보십시오.

1) 목적 − 인생의 마지막 지점은?

_____

_____

2) 목표 − 그것을 이루기 위한 과정에서의 목표들은?

_____

_____

3) 방법 − 이것을 이루기 위한 삶의 방법은?

_____

_____

 말씀 먹기

● 빌립보서 3:12-21을 읽고 다음 질문에 답해 보십시오.

구원받은 이후에 우리가 관심을 가져야 할 핵심주제가 있다면, 그것
은 현재의 삶에서 계속 이루어야 할 성화의 삶과 미래에 나타날 비전
인 영화로운 삶입니다. 주님은 구원받은 우리를 붙잡고 계십니다. 우

리가 붙잡아야 하는 것은 그 잡힌바 된 그것을 붙잡는 것입니다. 하늘의 시민권을 바라보고 악한 이 세상을 하나님의 나라로 변혁시키는 일을 해야 합니다. 비록 이 땅에 살고 있지만 우리를 지배하는 것은 하늘의 법입니다.

1 바울은 지금까지 어떤 삶을 살았습니까? (12)

\
\

2 바울은 현재와 미래의 자신의 일에 대해 어떻게 생각하고 있습니까? (13-14)

\
\

3 성숙한 그리스도인은 일어나는 다른 일들에 대해 어떤 마음의 태도를 가져야 합니까? (15-16)

\
\

4 우리는 어떤 사람을 본받아야 합니까? (17)

\
\

5 바울이 여러 번에 걸쳐 눈물을 흘리면서 안타깝게 생각하는 일은 무엇입니까? (18)

_____

_____

6 십자가의 원수로 살고 있는 사람들의 마지막 모습은 무엇입니까? (19)

_____

_____

7 그리스도인이 바라보아야 할 목표는 어디입니까? (20)

_____

_____

8 마지막에 우리는 누구 앞에 서야 합니까? 그리고 마지막에 우리는 어떤 모습으로 변화됩니까? (21)

_____

_____

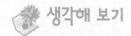 생각해 보기

● 사람은 두 종류가 있습니다. 땅을 생각하는 사람과 하늘을 생각하는 사람입니다. 우리가 땅의 일을 생각지 않고 하늘을 바라보면서 살기 위해서 가져야 할 원칙을 말해 보십시오.

💡 Tip 그리스도인의 삶은 이 세상에 있지 않습니다. 하나님의 나라에 있습니다. 우리의 성공은 세상에서의 성공이 아닌 하나님나라에서의 성공입니다. 바울은 이것을 여러 번, 눈물을 흘리면서 말했습니다. 얼마나 중요한 삶의 원리인지 다시 새롭게 생각되는 부분입니다. 이런 삶의 원칙을 가진 사람은 어떤 경우에도 즐거워하면서 살아갈 수 있습니다.

바울이 갇혔던 곳으로 추정되는 빌립보 감옥

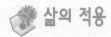 삶의 적용

1 나는 과거, 현재, 미래를 어떤 자세로 살아야 합니까? 인생 계획을 말해 보십시오.

_____

_____

2 내가 품은 인생의 가장 큰 비전은 무엇입니까? 혹시 하나님 앞에 서는 그날은 아닙니까?

_____

_____

3 오늘 말씀을 통해 이번 주에 실천해야 할 사항은 무엇이며 삶의 적용을 위한 구체적인 실천 계획은 무엇인지 말해 보십시오.

_____

_____

평화와 행복에 이르는 비결

1. 당신의 문제들은 외적인 것이 아닌 내적인 것임을 인정하라.
2. 나의 마음과 생각을 내가 아닌 하나님이 살피시게 양도하라.
3. 관계를 바르게 하라.
4. 한마음을 가지라.
5. 순종하는 마음을 점차 고양시키라.
6. 신령한 마음으로 만들어 가라.
7. 걱정 근심이 생길 때는 멈춰 서서 자신을 점검하라.
8. 근심의 이유가 발견되면 즉시 시인하고 주님에게 고백하며 도움을 구하라.
9. 내 안에 계신 그분께 순종하며 주인되심에 늘 감사하라.

09

기쁨의 폴더를 열어라

"주안에서 항상 기뻐하라
내가 다시 말하노니 기뻐하라." (빌 4:4)

열린 마음

● 현재 나의 삶은 어떤 모습입니까? 해당되는 곳에 표시를 해 보세요.

— 우울하다 (　　)

— 늘 행복하다 (　　)

— 슬프다 (　　)

— 하루가 신난다 (　　)

— 답답하다 (　　)

— 항상 기쁘다 (　　)

— 불안하다 (　　)

— 미래가 보인다 (　　)

말씀 먹기

● 빌립보서 4:1-9을 읽고 다음 질문에 답해 보십시오.

"주께서 가까우시니라"는 말은 그리스도의 재림을 의미하기보다는 주님이 가까이 계셔서 우리를 돕고 있다는 뜻에 가깝습니다. 죄는 언제나 관계를 바르게 하지 못할 때 생깁니다. 근심 걱정도 알고 보면 모두 바른 관계가 되지 않을 때 생기는 문제입니다. 하나님과의 관계가 잘 될 때 하나님의 평강이 임하듯이, 이웃과의 관계가 바르게 될 때 감사와 기쁨이 생기게 됩니다.

1 바울은 성도들에 대해서 어떻게 생각하고 있습니까? (1)

_____

_____

2 바울이 빌립보 교회의 성도들에게 특별히 부탁한 두 가지를 말해 보십시오. (2-3)

_____

_____

3 바울이 권면하고 있는 그리스도인의 생활지침 네 가지를 말해 보십시오. (4-6)

_____

_____

4 이런 삶을 실천할 때 어떤 축복이 임하게 됩니까? (7)

_____

_____

5 바울이 성도들에게 끝으로 당부하고 있는 내용을 말해 보십시오. (8-9)

—마음(생각)에 품어야 할 것

_____

_____

—실행해야 할 것

—하나님이 주시는 축복

 생각해 보기

● 기쁨의 삶, 너그러운 삶, 염려하지 않는 삶, 기도의 삶은 그리스도인
  이 꼭 몸에 배게 해야 할 삶의 모습입니다. 그럼에도 세상에서 이것
  이 잘 안되는 이유는 무엇입니까?

💡 Tip 그리스도인의 삶은 항상 기뻐하는 삶입니다. 감사하는 삶입니다. 늘 기도하
는 삶입니다. 그렇게 될 때 평강의 삶이 주어집니다. 이것은 세상의 형편과 상관없는
것입니다. 이것은 그냥 되는 것이 아니고 계속 예수 그리스도를 배우고 듣고 행하면
서 이루어지는 일입니다. 가장 좋은 공부는 어떤 경우에도 기뻐하는 법을 배우는 것
입니다. 이것만 터득된다면 무엇을 해도 우리는 성공할 수 있습니다.

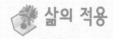 삶의 적용

1 바울은 어떻게 하든지 성도들이 온전하게 되는 일에 관심을 가지고 있습니다. 이것을 통해 발견되는 영적 교훈을 말해 보십시오.

_____

_____

2 하나님이 기뻐하시는 온전한 그리스도인이 되기 위해서는 마음에 선한 것을 품어야 하고 배운 말씀을 실천해야 합니다. 이것을 위한 구체적인 실천 계획을 말해 보십시오.

_____

_____

3 오늘 말씀을 통해 이번 주에 실천해야 할 사항은 무엇이며 삶의 적용을 위한 구체적인 실천 계획은 무엇인지 말해 보십시오.

_____

_____

빌립보의 로마 극장

축복

항상 기뻐하라.
우리에게 하늘의 소망이 주어질 것이다.
쉬지 말고 기도하라.
우리의 생각을 지켜 주실 것이다.
범사에 감사하라.
우리에게 평강이 주어질 것이다.
주님을 기다리라.
우리의 고난을 이길 수 있는 힘이 주어질 것이다.
멍에를 함께하라.
그 이름이 생명책이 기록될 것이다.

10

자족하면서
살아가라

"내가 비천에 처할 줄도 알고 풍부에 처할 줄도 알아 모든 일에 배부르며 배고픔과
풍부와 궁핍에도 일체의 비결을 배웠노라." (빌 4:12)

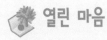 **열린 마음**

● 행복한 삶은 어떤 것이라고 생각하십니까? 내가 생각한 행복의 조건
들을 말해 보십시오.

1)

2)

3)

 말씀 먹기

● 빌립보서 4:10-23을 읽고 다음 질문에 답해 보십시오.

신앙의 발목을 잡는 것 중 하나를 들라면 그것은 환경입니다. 환경을
뛰어넘는 것이 신앙입니다. 신앙을 가지면 주어진 환경을 극복할 수
있습니다. 하나님은 말씀과 기도와 성령을 통하여 우리에게 역사하
십니다. 그런 능력이 나를 감싸게 될 때 나에게 모든 것을 할 수 있는
자신감이 생기게 됩니다.

1 바울은 무엇을 기뻐하고 있습니까? (10)

_____

_____

2 바울은 빌립보 교회 성도들에게 자신의 믿음에 대해서 말하고 있는데 그것을 정리해 보십시오. (11-13)

_____

_____

3 바울은 어떤 면에서 빌립보 교인들에게 감사하고 있습니까? (14)

_____

_____

4 바울과 빌립보 교인들과는 어떤 관계입니까? (15-16)

_____

_____

5 바울이 빌립보 교인들에게 진정으로 바라는 것은 무엇입니까? (17)

_____

_____

6 바울은 빌립보 교인들에게 어떤 사랑을 받았습니까? (18)

_____

_____

7 성도들을 향한 바울의 축복의 말은 무엇이었습니까? (19-23)

_____

_____

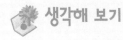 생각해 보기

1 능력 있는 그리스도인의 삶은 모든 사람들의 소망입니다. 믿음을 가진 자의 진정한 능력이란 무엇인지에 대해 말해 보십시오.

_____

_____

💡 Tip 능력 있는 그리스도인의 삶은 거저 이루어지지 않습니다. 자족하는 법, 기뻐하는 법, 감사하는 법, 기도하는 법은 구호로 얻는 것이 아니라 계속 배울 때 얻을 수 있는 것입니다. 모든 능력은 나에게 있는 것이 아니라 하나님께 있습니다. 그분의 신실하심을 배워야만 우리는 자족하며 모든 것을 할 수 있는 힘을 얻습니다. 단번에 이루어지지는 않지만 살아가면서 점차 그런 믿음의 수치가 높아져야 합니다. 세상은 업적으로 능력을 평가하지만 하나님은 감사와 자족과 기쁨으로 그 사람을 평가합니다.

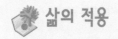 삶의 적용

1 바울은 어떻게 하여 자족하는 비결을 배웠는지 말해 보십시오. 이런 바울처럼 되기 위해 오늘 우리가 해야 할 일은 무엇입니까.

_____

_____

2 자족하는 법을 배우기 위한 실천 계획을 말해 보십시오. 이번 주간에 당장 실천할 수 있는 것을 말해 보십시오.

_____

_____

3 오늘 말씀을 통해 이번 주에 실천해야 할 사항은 무엇이며 삶의 적용을 위한 구체적인 실천 계획은 무엇인지 말해 보십시오.

_____

_____

행하게 하소서

오늘도 나에게 많은 하나님의 기적과 능력을 보여주셨지만
결국은 하나님의 기사를 세상에 선포하지 못했습니다.

오늘도 나에게 주님의 말씀으로 가르쳐 주시고
많은 것을 배웠지만
결국은 말씀대로 살지 못했습니다.

오늘도 나에게 살아계신 하나님의 세미한 음성을 많이 들려주셨지만
결국은 그 음성대로 순종하지 못했습니다.

오늘도 나에게 많은 은혜와 사랑을 베풀어 주셨지만
결국은 받은 사랑을 많이 나누지 못했습니다.

주여, 원하옵기는 주의 영이 함께하셔서
배운 것과 받은 것과 들은 것과 본 것을
삶에서 행하게 하소서.

저자 이대희 목사

장로회 신학대학교 신학대학원(M.Div)과 연세대학교 연합신학대학원(Th.M)을 졸업하고 현재 에스라성경대학원대학교 성경학박사(D.Liit) 과정 중이다.
예장총회교육자원부 연구원과 서울장신대학교 신학과 교수를 역임하고 서울 극동방송에서 "알기 쉬운 성경공부" "기독교 이해" 등의 프로그램을 진행했다. 지난 20여 년 동안 성서사람 · 성서한국 · 성서교회 · 성서나라의 모토를 가지고 한국적 성경교육과 실천사역을 위해 집필과 세미나와 강의사역을 하고 있다. 현재 바이블미션(www.bible91.org) 대표, 꿈을주는교회 담임목사, 독수리기독중고등학교 성경교사, 강남성서신학원 외래교수, 서울장신대 겸임교수로 사역 중이다.
저서로 《30분 성경공부시리즈》《투데이 성경공부시리즈》《아름다운 십대 성경공부시리즈》《이야기대화식성경연구》《성경통독을 위한 11가지 리딩포인트》《심방설교 이렇게 준비하라》《예수님은 어떻게 교육했을까?》《1% 가능성을 성공으로 바꾼 사람들》《자녀를 거인으로 우뚝 세우는 침상기도》《하룻밤에 배우는 쉬운 기도》《하나님 이것이 궁금해요》《크리스천이 꼭 알아야 할 100문 100답》 등 100여 권이 있다.

빌립보서 기쁨을 클릭하라

틴~꿈 십대성경공부 | 신약책 시리즈 4

초판1쇄 발행일 | 2009년 8월 20일

지은이 | 이대희
펴낸이 | 박종태
펴낸곳 | 엔크리스토
마케팅 | 정문구, 강한덕
관리부 | 이태경, 신주철, 임우섭, 맹정애, 이수진

출판등록 | 2004년 12월 8일(제2004-116호)
주   소 | 경기도 고양시 일산동구 장항동 568-17
전   화 | (031) 907-0696
팩   스 | (031) 905-3927
이메일 | visionbooks@hanmail.net
공급처 | 비전북 전화 (031) 907-3927 팩스 (031) 905-3927

ISBN 978-89-92027-74-8 04230

값 3,000원

● 잘못된 책은 바꾸어 드립니다.
● 이 교재의 사용 방법, 내용, 훈련, 세미나에 대한 문의는 바이블미션(02-403-0196, 016-731-9078)으로 해주시면 최선을 다해 도와드리겠습니다.

엔크리스토 성경공부 양육 교재

투데이 성경공부

평생 성경공부할 수 있도록 구성한 시리즈. 주제별로 구성되어 있어 각 교회의 상황에 맞게 커리큘럼을 재구성하여 사용할 수 있다.

101 신앙기초(전 9권 완간) | 201 예수제자(전 9권 완간) | 301 새생활(전 12권 완간)
601 성경개관(전 10권 완간) | 401 · 501 발간 예정

30분 성경공부

신앙생활의 기초를 다루었으며 신앙의 전체 그림을 그릴 수 있는 2년 과정의 소그룹 성경교재다. 성경공부를 시작할 때 사용하면 효과적이다.

믿음편 | 기초 · 성숙 생활편 | 개인 · 영성 · 교회 · 가정 · 이웃 · 일터 · 사회 · 세계
성경탐구편 | 창조시대 · 족장시대 · 출애굽시대 · 광야시대 · 정복시대/사사시대 · 통일왕국시대 ·
분열왕국시대 · 포로시대/포로귀환시대 · 복음서시대1 · 복음서시대2 · 초대교회시대 · 서신서시대

아름다운 십대 성경공부

십대들이 꼭 알아야 할 성경의 핵심내용과 기독교적 가치관, 세계관을 정립하는 데 필요한 핵심주제를 담고 있으며, 3년 과정으로 구성되었다.

101 자기정체성 · 복음 만남 · 신앙생활 · 멋진 사춘기 · 예수의 사람(전 5권)
201 가치관 · 믿음뼈대 · 십대생활 · 유혹탈출 · 하나님의 사랑(전 5권)
301 비전과 진로 · 신앙원리 · 생활열매 · 인생수업 · 성령의 사람(전 5권)

틴꿈 십대성경공부

성경 전체의 내용을 핵심적으로 구성되었으며, 성경 파노라마를 통해 십대들이 알아야 할 성경의 맥과 개관을 다루고 구약책과 신약책 중에서 십대에 맞는 책을 선택하여 집중적으로 유형별로 균형 있게 공부할 수 있다.

1년차 성경개관 | 성경파노라마 1, 2, 3, 4, 5(전5권)
2년차 구약책 | 창세기 · 에스더 · 다니엘 · 잠언 · 전도서(전5권)
3년차 신약책 | 누가복음 · 로마서 · 사도행전 · 빌립보서 · 요한계시록(전5권)
• 틴~ 꿈 새가족 양육교재

엔크리스토 성경공부 양육 교재

책별 66권 성경공부

성경 전체 66권을 각 권별로 자유롭게 선택하여 사용할 수 있는 성경공부.
성경 전체를 체계적으로 연구할 수 있다.

창세기 1·2·3·4, 느헤미야, 요한복음 1·2, 로마서, 에스더, 다니엘, 사도행전 1·2·3
(계속 발간됩니다)

엔크리스토 제자양육성경공부

한 사람을 온전한 제자로 만드는 과정으로 7단계로 구성되어있다. 전도(복음소개)와
양육(일대일 양육, 이야기대화식 성경공부)과 영성(영성훈련)의 3차원을 통전적으로
연결되어 있으며 제자훈련 과정으로 적합하다.

복음소개 · 일대일 양육 · 새로운 사람 · 성장하는 사람
변화된 사람 · 영향력 있는 사람 · 영성훈련(전7권)

인도자를 위한 지침서

• 인도자 지침서(십대 성경공부 101·201·301시리즈) l 이대희 지음 l 각 10,000원
• 인도자 지침서(틴꿈 십대성경공부) l 이대희 지음 l 10,000원
• 인도자 지침서(엔크리스토 제자양육성경공부) l 이대희 지음 l 10,000원
• 인도자 지침서(30분 성경공부 믿음편 기초, 성숙l생활편 개인, 교회)
  l 이대희 지음 l 10,000원

성경공부에 필요한 참고 서적

• 이야기 대화식 성경연구 l 이대희 지음 l 10,000원
• 크리스천이 꼭 알아야할 100문 100답 l 이대희 지음 l 10,000원
• 꿈을 이루는 10대 크리스천을 위한 52가지 l 이대희 지음 l 10,000원

특 징
성경 66권을 쉽고 재미있게, 깊이 있게 배우면서 한국적 토양에 맞는 현장과 삶에 적용하는 한국적 성경전문학교

모집과정(반별로 2시간씩이며 선택 수강 가능)
- 성경주제반: 성경의 중요한 핵심 주제를 소그룹의 토의와 질문을 통하여 배운다.(투데이성경공부/30분성경공부)
- 성경개관반: 66권의 성경 전체의 맥과 흐름을 일관성 있게 잡아준다.(잘 정리된 그림과 도표와 본문 사용)
- 성경책별반: 66권의 책을 구약과 신약 한 권씩 선정하여 워크숍 중심으로 학기마다 연구한다.(3년 과정)

모집대상
목회자반/ 신학생반/ 평신도반(교사, 부모, 소그룹 양육리더, 구역장, 중직)

시 간
월요일(오전 10시 30분~오후 5시 30분/ 개관반 · 책별반 · 주제반)

수업학제
겨울학기 : 12~2월 | 봄학기 : 3~6월 | 여름학기 : 6~8월 | 가을학기 9~11월
(자세한 내용은 홈페이지 참조 요망. 학기마다 사정에 따라 일자가 변경될 수 있음)

수업의 특징
- 이야기대화식 성경연구방법으로 12주(3개월 과정) 진행
- 전달이나 주입식이 아닌 성경 보는 눈을 열어주고 경험하게 하면서 성경의 보화를 스스로 캐는 능력을 터득하게 하는 방법을 지향하며 소그룹 워크숍 형태로 진행

강사 : 이대희 목사와 현직 성서학 교수와 현장 성경전문 강사

장소 : 바이블미션
서울시 송파구 가락동 96-5(지하철 8호선 가락시장역)

신청 : 개강 1주일 전까지 선착순 접수(담당 : 채금령 연구간사)

문의 : 바이블미션–엔크리스토 성경대학(016-731-9078, 02-403-0196)
(홈페이지 www.bible91.org)